Les recettes sans recettes
de la fée Carambole

Claudia Lemay, Dt.P.
illustré par Chris Hamilton et Chris Kielesinski

Table des matières

Les éléments de base

L'ABC de la cuisine

Il y a plusieurs « **éléments essentiels** » de la cuisine que tout le monde devrait connaître et mettre en pratique. Par exemple, pour préparer une soupe aux légumes, il faut habituellement commencer par faire frire un oignon et de l'ail puis ajouter du bouillon. Ces éléments sont les éléments « essentiels » de base pour faire une soupe. Les enfants pourront pratiquer ici les bases de recettes du livre de recettes sans recettes de la fée Carambole. Ils y apprendront les divers éléments de base pour plusieurs repas simples et faciles. Connaître ces recettes faciles permettra aux enfants de se préparer des aliments sans avoir à se fier aux repas qui coûtent plus chers et sont moins nutritifs que ceux que nous offrent les épiceries et les restaurants (surtout ceux des fast-foods).

Les éléments « **non essentiels** » d'un plat dépendent simplement de nous. Ainsi, pour une soupe aux légumes, une fois que le bouillon et l'oignon/ail frits sont prêts, on peut y ajouter un éventail d'autres produits pour terminer notre soupe. Ceux-ci sont les éléments « non essentiels ». Ces éléments varient selon ce que l'on souhaite ajouter à la soupe, ce que nous avons envie de manger et, le plus souvent, ce qu'il y a dans le frigo. Des tomates? Oui! Faisons une soupe aux tomates! Du brocoli ? Allez-hop pour une soupe de brocolis! De la moutarde ? Oh oh, et bien, vous nous en donnerez des nouvelles!

Préparation des repas

Il est important de bien se laver les mains avant de commencer. Il faut aussi laver les fruits et les légumes avant de les incorporer aux recettes. Toute la viande crue doit être gardée séparément des autres ingrédients. Il faut donc utiliser des planches à découper et des ustensiles distincts pour cela. Demande à tes parents de t'aider si tu dois utiliser la cuisinière. Utilise des couteaux bien aiguisés, mais à bout arrondi pour éviter de te couper. Tu as 10 doigts et nous aimerions bien que tu les gardes tous!

Recette de base

La recette de base sera utilisée souvent. Elle revient dans certaines des recettes qui suivent. Il faut simplement faire revenir (en fait, faire frire) de l'oignon et de l'ail dans l'huile, à feu moyen.

Essentiel : huile d'olive

Autres : oignon, ail

Quoi faire : fais frire l'oignon et l'ail dans l'huile pendant 3 minutes.

Coin création : colorie les aliments et les ustensiles plus bas!

Les recettes sans recettes
de la fée Carambole

Recette de base

oignon et ail sautés

2
moyenne

Index de chaleur

1
minimum

2
moyenne

3
maximum

Soupe sans singeries

Tout le monde aime la soupe et c'est une bonne façon d'utiliser les légumes oubliés au fond du frigo. Conseil : Fais une grosse soupe sans utiliser de tomates puis, quand tu en auras mangé la moitié, ajoute une boîte de tomates en conserve pour te faire une toute nouvelle soupe. La soupe se congèle facilement.

Essentiels : bouillon, oignon, huile, sel et poivre

Autres : tous les légumes, fines herbes et épices que tu aimes
(par exemple : carottes, céleris, tomates, pommes de terre, courges, maïs, brocolis, haricots verts, pois, légumineuses, etc.)

Quoi faire : recette de base (page 4), ajoute des légumes et remplis la casserole de bouillon. Laisse mijoter jusqu'à ce que les légumes aient amolli.

Coin création : colorie les aliments plus bas!

Les recettes sans recettes
de la fée Carambole

Soupe sans singeries
soupe aux legumes

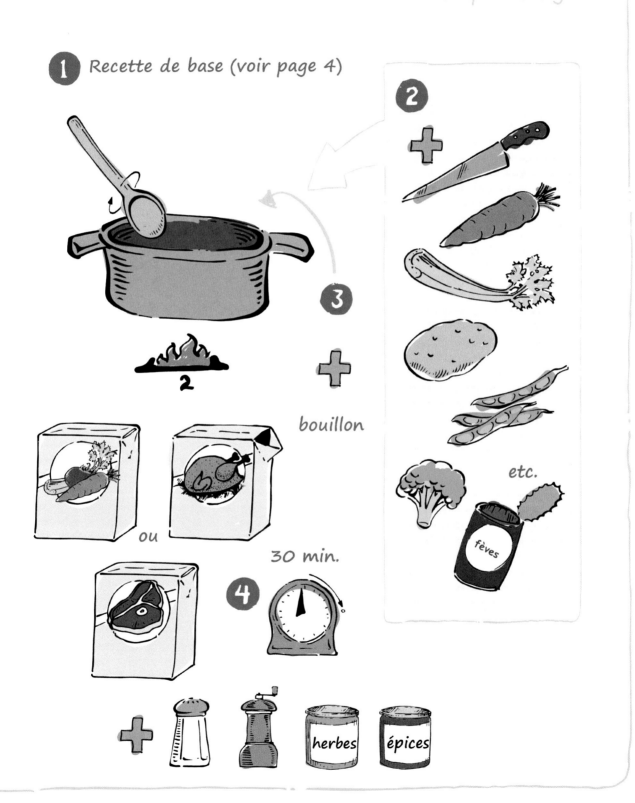

1. Recette de base (voir page 4)

2

bouillon

3

ou

30 min.

4

herbes épices

fèves

etc.

Salade de briques

Les légumineuses sont excellentes pour la santé car elles contiennent beaucoup de protéines, de fibres, de vitamines et minéraux. Elles te permettent de garder ton énergie au plus haut pendant longtemps. Parmi les légumineuses, on retrouve entre autres les pois chiches, les lentilles et les haricots.

Essentiels : légumineuses en conserve, oignons, vinaigrette, sel et poivre

Autres : tous les légumes, fines herbes et épices de ton choix
(par exemple : tomates, carottes, laitue, poivrons de couleurs variées, cumin, flocons de piment rouge, coriandre fraîche)

Quoi faire : rince les légumineuses en conserve à l'eau, égoutte-les, ajoute les autres légumes et la vinaigrette*, mélange le tout, et le tour est joué!

*Vinaigrette : tu trouveras des recettes de vinaigrette aux pages 42 et 44

Coin création : colorie les aliments plus bas!

Les recettes sans recettes
de la fée Carambole

Salade de briques
salade de légumineuses

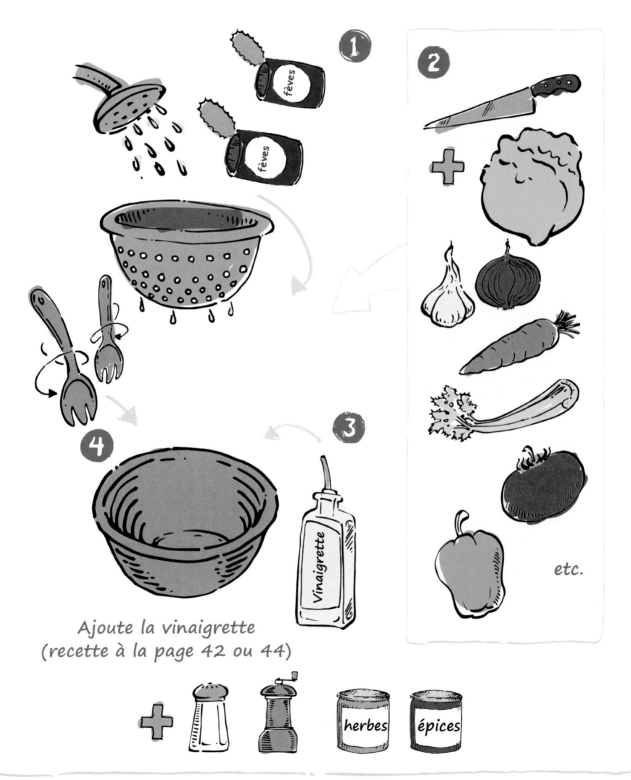

① fèves   fèves

② +

Ajoute la vinaigrette
(recette à la page 42 ou 44)

③ Vinaigrette

④

etc.

+ herbes épices

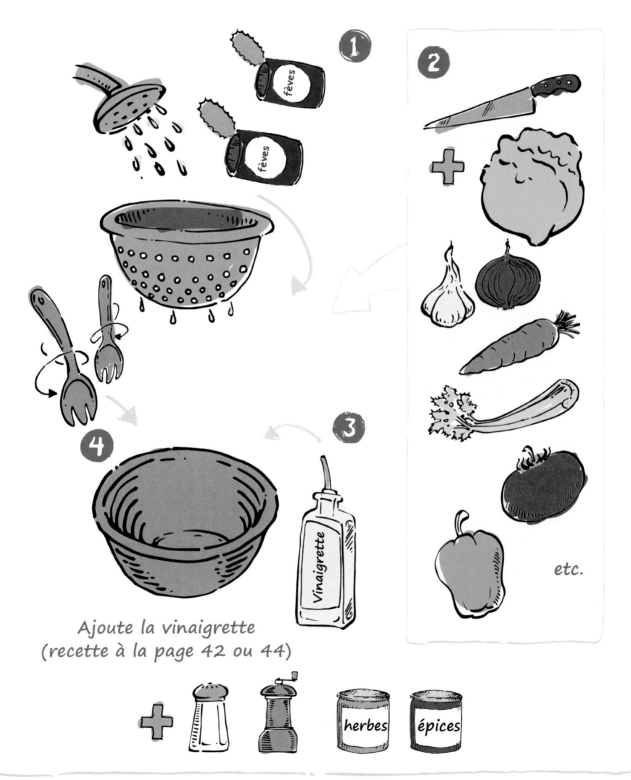

Boisson énergie et outils

« Je n'ai pas le temps » n'est PAS une bonne raison de sauter le petit-déjeuner avant d'aller à l'école. En fait, il faut seulement 60 secondes -ou moins- pour faire cette excellente boisson glacée si tu as préparé les ingrédients le soir d'avant.

Essentiels : lait (soya ou vache), jus ou eau, glace (si tu utilises des fruits frais ou décongelés)

Autres : fruits frais ou congelés de ton choix (et même divers légumes) bananes, baies (framboises, bleuets, fraises), melons (melon d'eau, cantaloup), ananas, orange, mangue, pêche, chou frisé, céleri, avoine, graines, noix (amandes, beurre d'arachides, pacanes, noix de Grenoble)

Quoi faire : lave et coupe les fruits, mets-les dans le mélangeur. Ajoute du lait, du jus, du yogourt ou de l'eau et mélange jusqu'à l'obtention de la consistance voulue.

C'est si rapide, on dirait de la magie! Tu verras, il te faudra à peine 30 secondes!

Coin création : colorie les aliments plus bas!

Les recettes sans recettes
de la fée Carambole

Boisson énergie et outils

Muffins boîte à lunch

La pâtisserie est une exception à nos recettes sans recettes parce qu'il faut utiliser des mesures exactes pour que tes créations lèvent adéquatement. Cette recette te permettra de faire 12 excellents muffins. Tu pourras facilement les congeler pour les garder frais. Tu peux mettre un muffin congelé dans ta boîte à lunch – il sera parfaitement décongelé lorsque tu prendras ton repas, il ne sera pas écrasé d'ici là et gardera le reste de ta boîte à lunch froid.

Essentiels : 2 tasses de farine de blé entier, 3 c. à thé de poudre à pâte, ½ c. à thé de sel, ¾ tasse de sucre, 1 œuf, 1 tasse de lait, ¼ tasse d'huile végétale

Autres : (jusqu'à une tasse) de fruits de ton choix : baies (fraises, bleuets, framboises) bananes, pommes, ananas, fruits séchés (raisins, canneberges) noix (noix de Grenoble, amandes, arachides) pépites de chocolat (ce sont les préférées de la fée Carambole), graines (citrouille, chanvre, tournesol) épices et autres saveurs (cannelle, extrait de vanille, flocons de noix de coco, graines de pavot, poudre de cacao)

Quoi faire :
1. Préchauffe le four à 400 degrés F (200 degrés C) et tapisse une plaque à muffins de caissettes à muffins en papier.
2. Mélange les ingrédients secs dans un bol.
3. Dans un autre bol, bats les œufs avec le lait et l'huile. Ajoute ensuite le mélange de farine.
4. Ajoute jusqu'à 1 tasse des autres ingrédients au choix.
5. Verse le mélange dans les caissettes à muffins.
6. Mets le tout au four pendant 25 minutes.

Les recettes sans recettes

de la fée Carambole

Muffins boîte à lunch

1 400°F / 200°C

2 Ingrédients secs

blé entier → 2 tasses + 3 c. à soupe poudre à pâte + ½ c. à thé S (sel) + sucre → ¾ tasse

3 Ingrédients humides

1 tasses lait — 1 œuf — ¼ tasse d'huile

5

4 1 tasse

6 400°F 200°C

7 25 min.

Sandwichs boîte à outils

Les sandwichs sont une solution rapide, facile et délicieuse. Chacun doit savoir comment se faire un bon sandwich! On peut facilement les congeler (attention : ne pas mettre de mayonnaise ou de légumes frais si tu souhaites congeler ton sandwich). Ainsi, tu peux faire plusieurs sandwichs à l'avance durant le week-end puis en sortir un chaque jour pour ton repas du midi.

Essentiels : tortilla ou pain, mayonnaise, sel et poivre

Autres : moutarde, fromage (fromage en crème, râpé, tranché) tofu, viandes froides, thon en conserve, houmous, œufs durs (en purée), légumes frais ou congelés, fines herbes ou épices de ton choix (échalote, aneth, basilic, paprika, avocat, légumes râpés (courgettes, poivrons, laitue, carottes, etc.)

Quoi faire : lave tous les légumes et râpe-les. Étends tous tes ingrédients sur le pain ou la tortilla de ton choix.

Coin création : colorie les aliments plus bas!

Les recettes sans recettes
de la fée Carambole

Sandwichs boîte à outils

moutarde

mayonnaise

1

2

etc.

Hummus

viandes froides *

ou

œufs

thon

*Les viandes froides ne sont pas le meilleur choix. Moins tu en manges, mieux c'est!

Sauté de légumes musclé

Voilà un plat de base délicieux qui te permettra d'ajouter couleur et saveur à ton repas!

Essentiels : huile de cuisson, sauce soya, huile de sésame

Autres : Tofu ferme, viande (poulet, bœuf) légumes frais ou congelés (carottes, pois, pois mange-tout, haricots verts, maïs, brocolis, courgettes, oignons, oignons verts ou échalotes, poivrons, champignons, châtaignes d'eau, chou-fleur, fèves germées), fines herbes ou épices de ton choix.

Quoi faire : Recette de base (page 4). Fais frire le tofu ou la viande dans l'huile jusqu'à la cuisson désirée. Ajoute la sauce soya et les autres légumes. Laisse cuire jusqu'à ce que les légumes aient amolli. Ajoute un peu d'huile de sésame pour finir et sers le tout sur des nouilles de blé entier ou du riz brun.

*Tu peux facilement congeler les restes de sauté.

Coin création : colorie les aliments et les ustensiles plus bas!

16

Les recettes sans recettes
de la fée Carambole

Sauté de légumes musclé

1 Recette de base (page 4)

2 ajoute — ou — ou — viande végé ou tofu

3 laisse brunir

huile de canola

huile de sésame

4 + légumes etc.

6

5 5 min

7 riz brun — nouilles

3

+ fines herbes — épices

visitez le site: www.laféedesaliments.ca ou www.fondationdecarambole.org

17

Super Sauce à Spaghetti de Carambole

Voici une autre excellente recette de base – tout le monde aime les spaghettis! Une fois que tu auras appris cette recette, tes parents seront bien fiers de toi… et toi aussi! Tu peux facilement congeler la sauce en quantités suffisantes pour un repas.

Essentiels : Tofu, dinde ou boeuf hachés (ou toute alternative à la viande), tomates en conserve, 1 oignon, ail, huile d'olive, sel et poivre

Autres : tous les légumes, fines herbes et épices de ton choix [par exemple : poivrons, carottes, courgettes, champignons, fines herbes italiennes (basilic, origan, thym)]

Quoi faire : recette de base (page 4). Ajoute le tofu ou la viande et laisse cuire jusqu'à cuisson complète. Ajoute les tomates, les légumes et les fines herbes. Laisse cuire jusqu'à ce que tout ait amolli. Sers sur des pâtes de grains entiers.

Coin création : colorie tous les aliments plus bas.

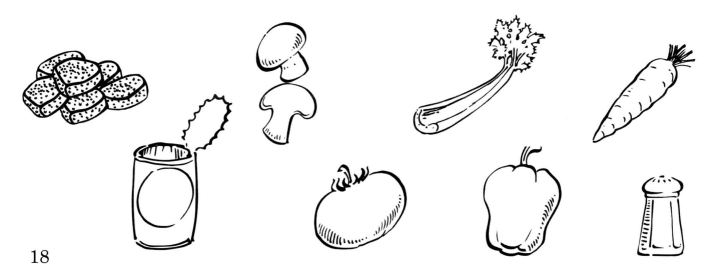

Les recettes sans recettes
de la fée Carambole

Super Sauce à Spaghetti de Carambole

1 Recette de base (page 4)

2 + haché

ou

ou

viande végé ou tofu

3 laisse brunir

4 +

etc.

5 +

6 +

fines herbes   épices

2

7 laisse cuire 30 minutes

Sandwich préféré des squelettes

Si facile, et si bon! N'oublie pas : meilleur sera ton fromage, meilleur sera ton sandwich. Accompagné d'une bonne salade, cela te fera un excellent repas!

Essentiels : pain tranché de blé entier, beurre ramolli ou margarine molle, fromage

Autres : tomate, jambon, moutarde de Dijon, oignon haché

Quoi faire : étends du beurre sur un côté du pain, tourne la tranche vers le bas. Ajoute le fromage et tes autres ingrédients sur le dessus. Ajoute une autre tranche de pain, étends-y aussi du beurre. Fais cuire dans un poêlon à feu moyen jusqu'à ce que le fromage ait fondu et que chaque tranche de pain soit bien grillée.

Coin création : colorie les aliments et les ustensiles plus bas.

Les recettes sans recettes
de la fée Carambole

Sandwich préféré des squelettes

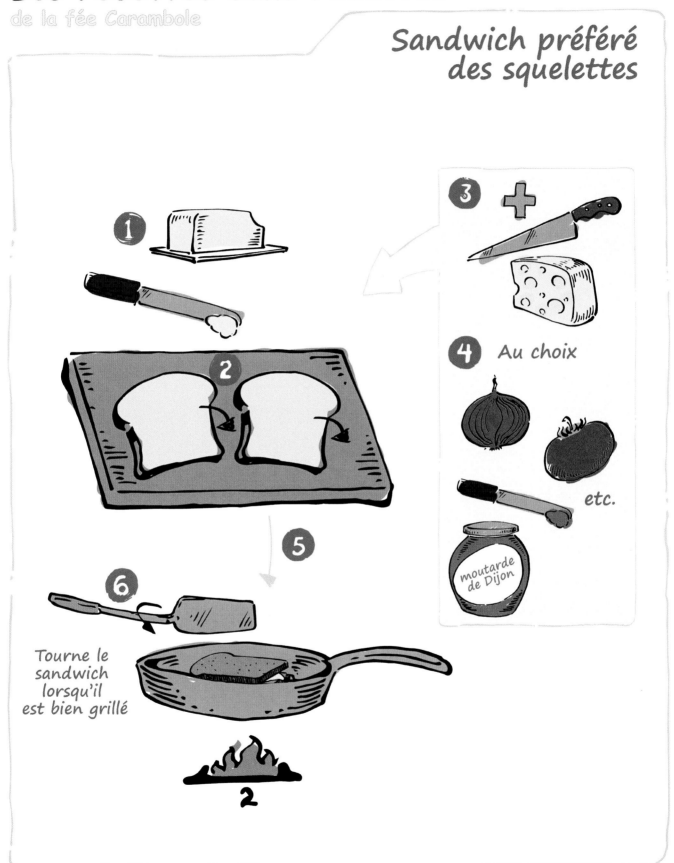

Au choix

etc.

moutarde de Dijon

Tourne le sandwich lorsqu'il est bien grillé

Brochettes laser de fruits et trempette

Grâce aux brochettes, manger des fruits est à la fois amusant et délicieux. Tellement meilleur que la barbe à papa et les guimauves!

Essentiels : fruits, brochettes, yogourt

Autres : miel, jus de citron, extrait de vanille, cannelle, fromage à la crème, crème, chocolat

Quoi faire : pique les fruits sur les brochettes et trempe-les dans le mélange de yogourt et les autres ingrédients de ton choix.

Coin créatif : colorie les aliments et les ustensiles plus bas.

Les recettes sans recettes
de la fée Carambole

Brochettes laser de fruits et trempette

1 ... ou ... miel ... ou ... extrait de vanille ... 1 tasse de yogourt

ou cannelle, sirop, ou fromage à la crème ou chocolat

2 +

etc.

3

4

visitez le site: www.laféedesaliments.ca ou www.fondationdecarambole.org   23

Salade du pilote

La salade est vraiment un aliment essentiel, mais il n'est pas nécessaire de n'utiliser que de la laitue, des tomates et des concombres! Cela deviendrait rapidement ennuyeux. Utilise une bonne vinaigrette et ajoute à ta salade des ingrédients amusants. Bien manger c'est tellement bon!

Essentiels : verdures, sel et poivre

Autres : tous les légumes, légumineuses, fines herbes et épices que tu aimes (par exemple : oignons, avocats, poivrons, carottes ou betteraves râpées, radis, chou frisé, tomates, concombre) tu peux aussi y ajouter d'autres aliments amusants : baies, oranges, noix de grenade, noix (amandes, noix de Grenoble, pacanes confites), fruits secs et graines (lin, chanvre, chia, sésame, tournesol)

Quoi faire : ajoute à la verdure de ta salade tous les légumes de ton choix; verse la vinaigrette sur la salade seulement après l'avoir servie. Cela évitera à ta salade de trop amollir et tu pourras manger les restes le lendemain.

*Vinaigrette : recette à la page 42 ou 44

Coin créatif : colorie les aliments et les ustensiles plus bas.

Les recettes sans recettes
de la fée Carambole

Salade du pilote

1

4

Ajoute la vinaigrette
(recette à la page 42 ou 44)

Vinaigrette

+

2

ou chou frisé, radis

3

autres
aliments amusants...

baies, oranges,
grenades

noix :
amandes,
noix de Grenoble

fruits secs
et graines :
lin, chanvre,
tournesol

etc.

Le houmous des Elfes

Il existe des milliards de façons de servir le houmous : en trempette pour tes carottes, en vinaigrette, dans un sandwich, ou simplement à déguster à la cuillère! Et pourquoi pas une crème glacée au houmous ? Seule ton imagination te retient!

Essentiels : pois chiches cuits, tahini, jus de citron, huile d'olive, eau, ail, sel

Autres : autres légumes cuits (betteraves, pois, poivrons rouges, tomates séchées, etc.), épices (cumin, paprika, curcuma, etc.)

Quoi faire : rince et égoutte les pois chiches. Mélange tous les ingrédients dans un mélangeur jusqu'à l'obtention d'une pâte onctueuse.

Coin créatif : colorie les aliments et les ustensiles plus bas.

Les recettes sans recettes
de la fée Carambole

Le houmous des Elfes

2

pâte tahini - 1/4 de tasse

1/4 de tasse - huile d'olive

pois chiches   pois chiches

3

Tu pourrais devoir ajouter de l'eau

+ fines herbes   épices

Anne la banane

Une crème glacée délicieuse dont tout le monde raffolera! Elle va te donner plein d'énergie et tous les outils nécessaires pour construire ton corps.

Essentiels : bananes congelées

Autres : lait, yogourt, poudre de cacao, vanille, baies ou autres fruits (mangues, pêches, oranges, etc.)

Quoi faire : peler des bananes bien mûres et les couper en tranches avant de les mettre au congélateur. Tu n'as ensuite qu'à passer au mélangeur les bananes et les autres ingrédients que tu souhaites y ajouter jusqu'à ce que tu obtiennes un mélange crémeux.

Coin créatif : colorie les aliments et les ustensiles plus bas.

Les recettes sans recettes
de la fée Carambole

Anne la banane

1 bananes congelées (pelées et tranchées avant de les congeler)

2 fruits congelés

yogourt*

lait*   jus*

*petite quantité

3

Crêpes aux bananes des petits singes

Qui a dit que les crêpes ne se mangeaient qu'au petit-déjeuner ? Tu peux les servir avec des fruits et un verre de lait (de soya ou de vache pour un repas nutritif). Voilà le repas idéal pour quiconque veut se construire un corps fort et en bonne santé!

Essentiels : 1 tasse de farine de blé entier, 1 c. à table de sucre, 1 c. à table de poudre à pâte, une pincée de sel, 1 tasse de lait de soya ou de yogourt, 1 banane, quelques gouttes d'huile végétale

Autres : poudre de cacao, vanille, baies ou autres fruits (mangues, pêches, pépites de chocolat, etc. – OUI, les pépites de chocolat sont des fruits!)

Quoi faire : mélange les ingrédients secs dans un bol. Ajoute le lait, l'huile et les autres ingrédients. Mélange le tout et verse le mélange à la cuillère dans une poêle huilée et chauffée. Tourne la crêpe lorsque tu verras des bulles apparaître à la surface ou que les extrémités de la crêpe commenceront à brunir. Continue jusqu'à ce qu'il ne reste plus de mélange à crêpes.

Coin créatif : colorie les aliments plus bas

Les recettes sans recettes
de la fée Carambole

Crêpes aux bananes des petits singes

1 ingrédients secs

blé entier → 1 tasses + 1 c. à soupe poudre à pâte + 1 c. à soupe sucre + ½ c. à thé S

2 ingrédients humides

banane écrasée

1 t. lait de soya

huile de canola

3

1/2 tasse

4

huile de canola

2

Pâté chinois nourrissant

La fée Carambole se rappelle avec joie les repas de son enfance. Elle aimait ajouter beaucoup de ketchup à son pâté chinois, tout mélanger et faire une grosse montagne rose qu'elle mangeait à la cuillère.

Essentiels : viande végé ou bœuf haché régulier, pommes de terre, maïs, huile d'olive, lait, oignons, ail, sel et poivre

Autres : autres légumes ou fèves préalablement cuits (carottes, petits pois, lentilles), assaisonnements (épices à steak, paprika, persil, flocons de chili, sel d'oignon, sel d'ail, etc.)

Quoi faire : recette de base (page 4). Ajoute ensuite la viande végé ou le bœuf haché, les légumes congelés et les assaisonnements. Verse le tout dans un plat allant au four, ajoute le maïs sur la viande. Fais cuire des pommes de terre dans de l'eau bouillante salée jusqu'à ce quelles soient amollies. Égoutte-les avant de les réduire en purée. Ajoute du lait (soya ou de vache), du beurre (ou de la margarine molle) et assaisonne-les. Etends-les ensuite sur le maïs. Fais cuire le tout dans un four (425 degrés F / 225 degrés C) pendant 10 minutes ou jusqu'à ce que les pommes de terre aient bruni sur le dessus.

Coin créatif : colorie les aliments et les ustensiles plus bas.

Les recettes sans recettes

de la fée Carambole

Pâté chinois nourrissant

1. Recette de base (p.4)
2. + bœuf haché ou viande végé ou tofu
3. Corn / Corn
4. Peler et couper — H₂O — 10 min
5.
6. purée — lait
7. 425°F 225°C — 10 min

Pouding favori de Lucie aux graines de chia

Le pouding aux graines de chia est rempli de bonnes choses pour ton cerveau, tes muscles, ton estomac et… ta langue!

Essentiels : 1/3 de tasse de graines de chia, 2 tasses de lait de soya ou de lait

Autres : poudre de cacao, vanille, baies ou autres fruits (mangues, pêches, oranges, etc.), sirop d'érable, cannelle

Quoi faire : mélange les graines de chia et le lait avec les autres ingrédients. Place le tout au réfrigérateur pour la nuit ou attends au moins 4 heures avant de déguster.

Coin créatif : colorie les aliments et les ustensiles plus bas

Les recettes sans recettes

de la fée Carambole

Pouding favori de Lucie aux graines de chia

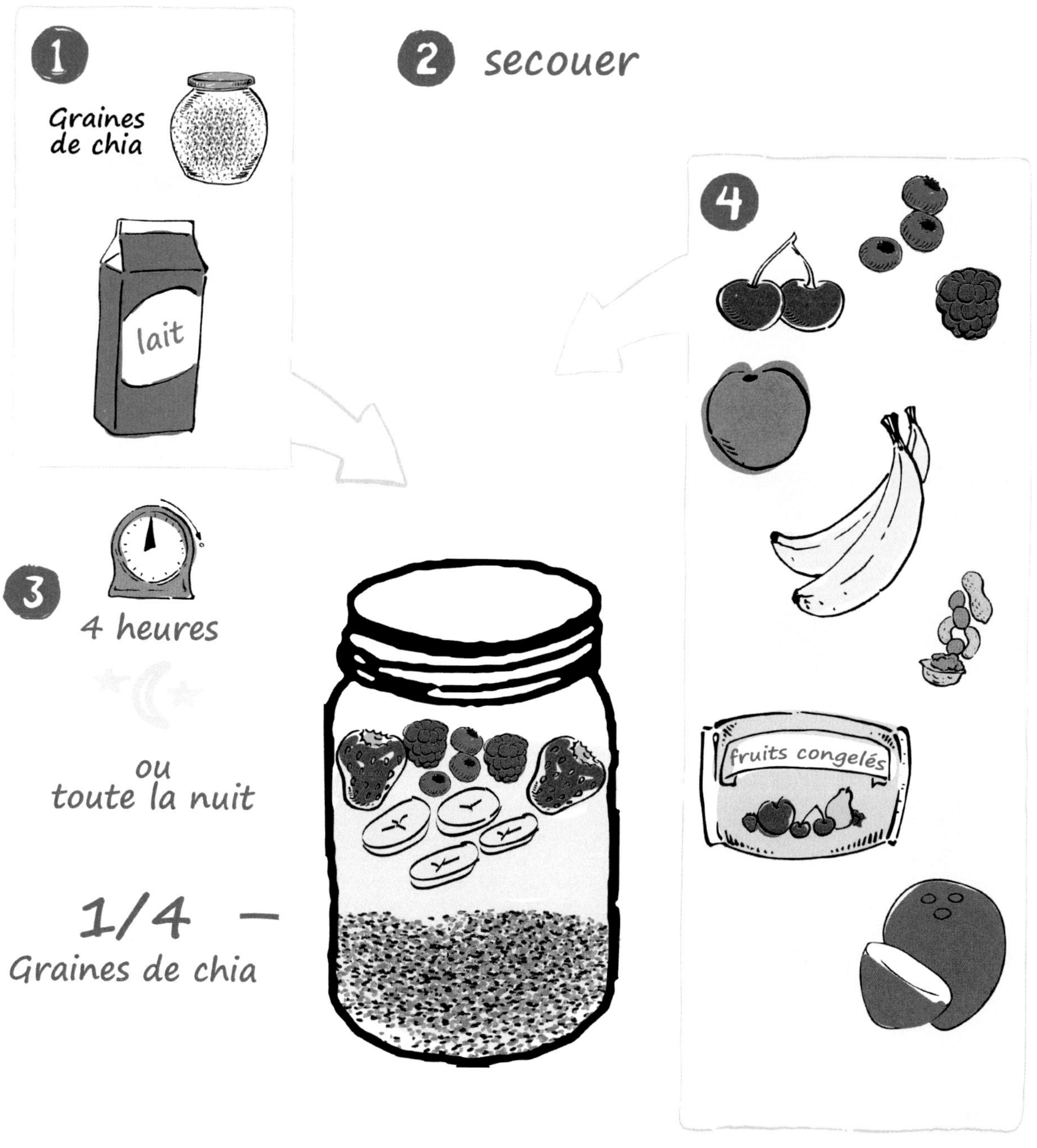

1
Graines de chia
lait
2 secouer
3
4 heures
ou
toute la nuit
1/4
Graines de chia
4
fruits congelés

Avoine pour le lendemain

Tu n'as pas besoin de demander à maman ou papa pour ton petit-déjeuner. En préparant tout ce qu'il faut le soir d'avant, tu peux choisir quoi y mettre. Fraises : pourquoi pas! Pépites de chocolat : bonne idée! Noix de Grenoble : Fantastique... chou de Bruxelles et wasabi ? OH NON! Les flocons d'avoine pour le lendemain sont tout à fait délicieux et nutritifs et ils te donneront envie de te lever tôt, une fois le matin venu, pour les manger.

Essentiels : flocons d'avoine, lait de soya ou lait de vache

Autres : poudre de cacao, vanille, baies ou tout autre fruit (bananes, mangues, pêches, oranges, etc.), sirop d'érable, cannelle

Quoi faire : remplis la moitié d'un pot avec des flocons d'avoine, ajoute du lait. Ferme le couvercle et mets au réfrigérateur. Ensuite, va faire dodo.

Coin créatif : colorie les aliments et les ustensiles plus bas

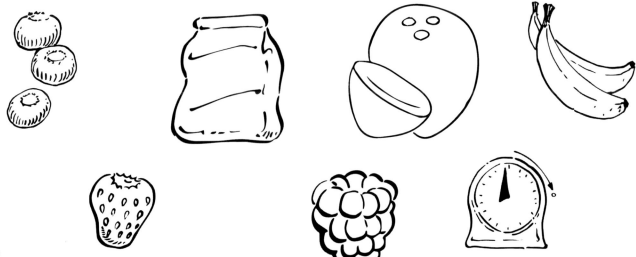

Les recettes sans recettes
de la fée Carambole

Avoine pour le lendemain

1

avoine

lait

2

3 4 heures

ou
toute la nuit

1/3 –
de flocons
d'avoine

La pizza de Peter

Qui n'aime pas la pizza ? C'est l'aliment préféré de tous les jeunes, des mamans et encore plus, des papas!

Essentiels : pain pita au blé entier, sauce tomate, fromage râpé huile d'olive

Autres : Tu • sais • ce • qui • va • sur • la • pizza

Quoi faire : verse quelques gouttes d'huile d'olive sur le pain pita, étends-y de la sauce tomate et couvre le tout de fromage et hop! dans le four. Rien de plus simple!

Coin création : colorie les aliments et les ustensiles plus bas!

Les recettes sans recettes
de la fée Carambole

La pizza de Peter

Le p'tit brouillé du débrouillard

On dit souvent que le repas le plus important de la journée est le petit-déjeuner. La fée Carambole et Lucie adorent le petit-déjeuner parce que c'est la meilleure façon, pour elles, de commencer la journée. Le p'tit brouillé du matin est facile à préparer, rapide et délicieux. Comme les œufs ou le tofu contiennent beaucoup de protéines, ce sont une excellente source d'énergie qui va te garder en forme jusqu'au repas du midi.

Essentiels : tofu ferme émietté ou œufs, huile d'olive, oignons, ail, sel et poivre

Autres : autres légumes cuits (poivrons, champignons, tomates séchées, etc.), fromage râpé, fèves noires, avocats, épices (cumin, paprika, curcuma, chipotle, levure nutritionnelle, etc.)

Quoi faire : recette de base (page 4). Fais frire tes autres légumes, ajoute le tofu ou les œufs et les épices. Mélange le tout et laisse cuire 5 minutes. Sers le p'tit brouillé avec de l'avocat, des pommes de terre, des rôties, des tomates ou encore de la salsa. Tu peux aussi verser le tout dans une tortilla de maïs pour un excellent p'tit burrito du matin!

Coin création : colorie les aliments et les ustensiles plus bas

Les recettes sans recettes

de la fée Carambole

Le p'tit brouillé du débrouillard

1 Recette de base (page 4)

2

fèves   etc.

3
+

fines herbes   épices

5

4

tofu émietté ou œufs

2

10 min

Vinaigrette potion magique

Les bonnes huiles sont essentielles pour la santé de notre corps et de notre cerveau. Utiliser de bonnes huiles pour tes salades et tes marinades est une bonne façon de nourrir ton cerveau pour lui permettre d'obtenir tout ce dont il a besoin pour bien grandir et se développer.

Essentiels : huile d'olive, vinaigre (blanc, balsamique, de cidre), ail moutarde de Dijon, sel et poivre

Autres : miel, fines herbes et épices, jus de citron

Quoi faire : remplis un pot d'un tiers de vinaigre ou de jus de citron. Coupe de l'ail et ajoute les autres ingrédients (sauf l'huile); mélange après avoir bien fermé le couvercle. Remplis ensuite le pot d'un tiers d'huile d'olive; referme le couvercle et mélange bien de nouveau.

Coin création : colorie les aliments et les ustensiles plus bas.

Les recettes sans recettes
de la fée Carambole

Vinaigrette potion magique

1. vinaigre ou + moutarde de Dijon

2. + fines herbes épices

3. huile d'olive

2/3

1/3

Vinaigrette magique crémeuse

Cette vinaigrette est excellente pour les salades et les sandwichs (par exemple, pour confectionner un sandwich à la salade aux œufs). Elle est aussi bonne pour tes muscles et tes os.

Essentiels : mayonnaise, yogourt grec (2%), ail, jus et zeste de citron, sel et poivre

Autres : fines herbes / épices

Quoi faire : remplis un pot à moitié avec de la mayonnaise. Ajoute du jus et du zeste de citron, de l'ail écrasé, du sel, du poivre, et mélange le tout. Ajoute ensuite le yogourt et mélange encore.

Coin création : colorie les aliments et les ustensiles plus bas!

Les recettes sans recettes
de la fée Carambole

Vinaigrette magique crémeuse

1
mayonnaise

+

yogourt grec 2%

2 +
fines herbes
épices

3

1/2

1/2

Eau ferrée

Le fer est un minéral essentiel qui a plusieurs rôles importants, dont le plus important d'entre eux étant le transport d'oxygène au cerveau et aux muscles. Le manque de fer peut mener à un retard de développement chez les enfants en croissance. L'anémie ferriprive est le problème nutritionnel le plus commun et répandu sur terre. On peut retrouver du fer dans plusieurs aliments d'origine animale et végétale, mais le fer provenant des plantes est moins disponible pour l'absorption par le système digestif.

Voici les recommandations nutritionnelles journalières pour votre enfant selon son âge:

Âge	Mâle	Femelle
7-12 mois	11 mg	11 mg
1-3 ans	7 mg	7 mg
4-8 ans	10 mg	10 mg
9-13 ans	8 mg	11 mg
14-18 ans	8 mg	15 mg

Voici quelques méthodes pour aider votre enfant à couvrir ses besoins en fer:
- Consommation d'aliments élevés en fer comme la viande, la volaille, le poisson, les oeufs, les légumineuses (lentilles, haricots), le tofu et les épinards. Accompagner ces aliments d'un autre riche en vitamine C (oranges, pommes, tomates) en augmentera l'absorption au niveau de l'intestin.
- Prise d'un supplément ferrique.
- Utilisation du Lucky Iron Fish dans la préparation quotidienne des repas*

*The Lucky Iron Fish vous donnera 7 mg de fer biodisponible par chaque utilisation

https://ca.luckyironfish.com

Les recettes sans recettes
de la fée Carambole

Eau ferrée
pour ceux qui ont besoin de plus de fer dans leur diète

1 Laver le Lucky Iron Fish

2 3 gouttes ou / Ajouter le Lucky Iron Fish

LUCKY **IRON** FISH
luckyironfish.com

eau 1 litre

2

3 bouillir 10 min

4 Enlever le Lucky Iron Fish et refroidir

5 jus* 1 tasse

6 Voilà!

*Jus: orange, ananas, pomme, canneberges, pamplemousse, carambole, etc.

La Pyramide des aliments de Carambole

La diète Méditerranéenne

Illustrations: Chris Hamilton

Guide alimentaire canadien
Assiette de Carambole

1/2 d'assiette – légumes
1/4 d'assiette – protéines
1/4 d'assiette – céréales

La fée Carambole

écrite par Claudia Lemay, Dt.P.

—— Le Jeu de mots-cachés de Carambole ——

```
C  H  O  R  D  I  N  A  T  E  U  R  A  N  O
S  A  T  O  F  U  A  E  P  I  N  A  R  D  S
Q  R  R  P  R  U  N  E  O  M  E  G  A  3  E
U  I  A  A  O  U  S  B  I  A  M  T  C  S  T
E  C  I  N  M  I  N  E  R  A  U  X  H  T  A
L  O  S  T  A  B  I  S  E  S  S  I  I  U  M
E  T  I  I  G  N  O  O  S  N  C  O  D  T  O
T  S  N  O  E  L  A  L  N  O  L  N  E  I  T
T  V  O  X  S  E  N  S  E  I  E  O  S  T  E
E  E  R  Y  O  G  O  U  R  T  S  T  V  S  T
V  R  A  D  A  U  F  R  U  I  T  S  I  B  T
A  T  N  A  E  M  M  O  P  R  R  A  A  U  O
N  S  G  N  E  E  L  A  I  T  M  N  N  S  R
A  I  E  T  S  S  A  R  G  U  O  T  D  T  A
N  O  S  S  I  O  P  A  I  N  N  E  E  E  C
```

—— Trouve les mots de la liste dans la table ci-dessus afin de découvrir le ——
message secret de Carambole avec les lettres restantes.

CARAMBOLE	YOGOURT	PAIN	GRAS	HARICOTS VERTS
POISSON	NAVET	TOMATES	LAIT	SQUELETTE
LUCIE	MUSCLES	CAROTTE	LÉGUMES	RAISIN
ORANGES	POMME	PRUNE	MINÉRAUX	ANTIOXYDANTS
ARACHIDES	FRUITS	SANTÉ	ORDINATEUR	
OMÉGA3	SOYA	POIRES	ÉPINARDS	
ANANAS	NOIX	TOFU	VIANDE ET SUBSTITUTS	

Pour en savoir plus, visitez le site:
www.laféedesaliments.ca

Jeux de Carambole

Boire une boisson gazeuse, c'est comme boire des bonbons!

Trace une ligne pour rejoindre chaque boisson au nombre correspondant de cube(s) de sucre.

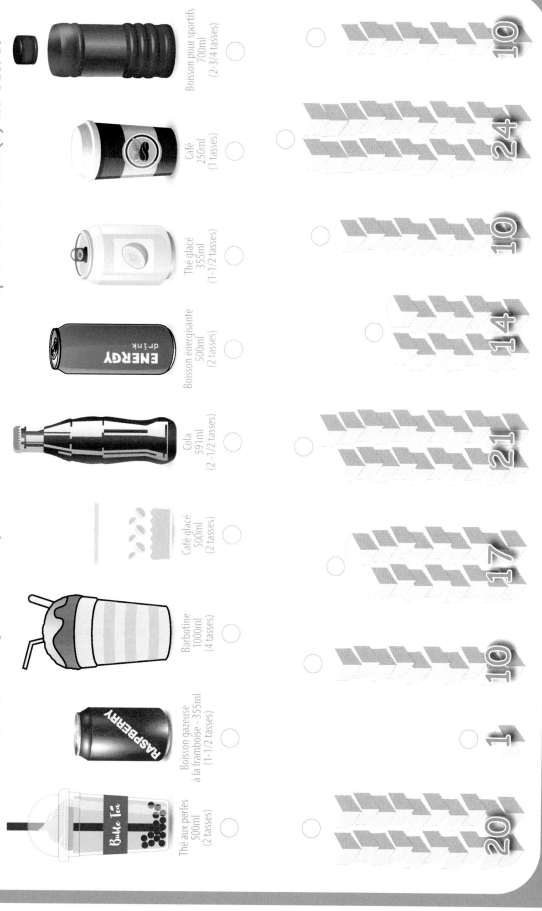

Boisson pour sportifs
700ml
(2-3/4 tasses)

Café
250ml
(1 tasses)

Thé glacé
355ml
(1-1/2 tasses)

Boisson énergisante
500ml
(2 tasses)

Cola
591ml
(2 -1/2 tasses)

Café glacé
500ml
(2 tasses)

Barbotine
1000ml
(4 tasses)

Boisson gazeuse
à la framboise - 355ml
(1-1/2 tasses)

Thé aux perles
500ml
(2 tasses)

10

24

10

14

21

17

10

1

20

Tableau des aliments de Carambole

Céréales entières

Protéines

antioxydants

radicaux libres

cellules

Légumes et fruits

Aliments riches en calcium

Huiles et gras santé

Pour en savoir plus, visitez le site:
www.laféedesaliments.ca

Illustré par Chris Hamilton

52

Guide Alimentaire de Carambole

Huiles et gras santé

Protéines

Aliments riches en calcium

Légumes et fruits

Céréales entières

Pour en savoir plus, visitez le site:
www.laféedesaliments.ca

Illustré par Chris Hamilton

53

La fée Carambole

par Claudia Lemay, Dt.P.

La fée Carambole

par Claudia Lemay, Dt.P.

Illustré par Chris Hamilton

La fée Carambole est le livre idéal pour enseigner l'importance de la nutrition aux enfants.

Pour en savoir plus, visitez le site:
www.laféedesaliments.ca

56

La fée Carambole

par Claudia Lemay, Dt.P.

Lucie

La fée Carambole est le livre idéal pour enseigner l'importance de la nutrition aux enfants.

Pour en savoir plus, visitez le site:
www.laféedesaliments.ca

Illustré par Chris Hamilton

Claudia Lemay, RD
Auteure

Claudia Lemay habite à Surrey, en Colombie-Britannique, Canada, avec son mari, ses deux enfants et plusieurs animaux domestiques. Elle travaille en pratique privée comme diététiste clinique. (Les profits amassés lors de la vente de ses livres seront versés à la Fondation Nutrition de Carambole.)

Pour en savoir plus sur la fée Carambole et sur la nutrition saine pour les enfants, ou pour commander des affiches éducatives ou les livres en version de présentation pour enseignants, veuillez visiter www.carambolelafeedesaliments.ca.

Illustré par

Chris Hamilton   Chris Kielesinski

Made in the USA
Monee, IL
31 August 2020